PIERO POGGIALINI

MEMORIAS DE ÓPERA

© Piero Poggialini - *Memorias de Ópera*
© Editorial La Rueca
www.editoriallarueca.com

Primera edición: junio 2025

Traducción y prólogo de Germán Galindo Moya

ISBN: 979-13-87525-36-1

Depósito Legal: M-13764-2025

Impreso en España - UNIÓN EUROPEA

A MI ABUELO CARLO

Mi abuelo estudió hasta 6º curso de Educación Primaria.

Trabajaba como jardinero, pero no se perdía ninguna de las 12 representaciones de la misma ópera que se daba cada temporada en el Teatro Rossini de Lugo di Romagna. Él llevaba en cada representación el ramo de flores para la protagonista.

Cuando yo tenía 8 años me cantaba "Boheme" y "Pagliacci". Yo aprendí aquéllas arias que hoy día me conmueven al escucharlas.

Es mi pequeña historia de Lírica.

PRÓLOGO

Conocí a Piero Poggialini en el primer curso de formación que se impartió en el Teatro Real. Versaba sobre las distintas fases del montaje de una ópera, desde el esbozo de la escenografía hasta el ensayo general, pasando por todas las fases, pruebas y ensayos parciales.

Seguimos manteniendo nuestra relación, junto a otros asistentes a aquel curso, y procuramos vernos periódicamente, pese a que Piero vive en Navarra y yo en Madrid, aprovechando la asistencia de Piero a las funciones de ópera del Real.

La primera impresión que produce Piero es su pasión por la ópera (la "lírica" que dice él, como buen italiano), arraigada desde la infancia por las influencias familiares, de su padre Giovanni y, sobre todo, de su abuelo Carlo, que le cantaba arias de Bohème y Pagliacci. Todavía se emociona cuando las oye.

Asistía siempre que sus circunstancias se lo permitían, a las representaciones de ópera de su pueblo, Lugo de Romagna, y del Teatro Comunale Bolonia, de cuyo paraíso se hizo asiduo.

Piero se estableció en España en 1996, en Navarra, desarrollando una actividad comercial que le demanda frecuentes viajes que él aprovecha para coincidir con representaciones de ópera, zarzuela y conciertos en las ciudades que visita. El seguimiento de la actividad de su hijo Alberto como músico de élite, todavía en formación, es otro de los alicientes para sus viajes musicales.

Este libro recoge las impresiones, entre fervorosas y críticas, de algunas de las representaciones de ópera, conciertos (generalmente vocales) y zarzuela a los que Piero ha asistido, en su mayoría entre 2008 y 2012. Diversas circunstancias (crisis económica, pequeños desastres domésticos, Covid…) impidieron una continuidad en su papel de espectador y cronista de eventos musicales.

Descubrió felizmente la zarzuela cuando vino a España y se quedó prendado de este género, que compara con la opereta vienesa. Procura no perderse una representación que se le ponga a tiro.

En sus crónicas Piero, además de sus comentarios críticos deja traslucir fundamentalmente su amor a lo que ha visto y oído en escena. Pasa piadosamente de puntillas por los aspectos de la representación que no le han parecido bien y descarga su entusiasmo fervoroso por aquello que lo ha emocionado, tanto en el aspecto escénico como en el musical. Todas las representaciones que comenta han sido para él una fiesta.

Procura escribir siempre un comentario de aquellas obras que raramente se representan, a fin de ponerlas en valor y difundir sus virtudes.

Como buen apasionado, Piero tiene sus favoritos entre los intérpretes o rectores de las funciones. Siente verdadera devoción por las puestas en escena de Emilio Sagi, a las que considera geniales, elegantes y equilibradas, Procura no perderse ninguna de sus producciones.

Le gusta mantener contacto con los artistas que le emocionan. Procura asistir a las presentaciones, charlas previas, coloquios con intérpretes, etc de las funciones a las que va a asistir, llevando a ellas un bagaje previo de información que le hace disfrutar aún más de ellas.

Os dejo, sin más, con estos 24 artículos donde Piero deja clara su imagen de lo que es: un fervoroso apasionado de la "lírica".

Germán Galindo Moya

LA VIUDA ALEGRE (Die Lustige Witwe)

Franz Lehar - 1905

Opereta en tres actos

Teatro Comunale di Bologna diciembre de 1984

En homenaje a Daniela Dessí

La crisis general en todos los ámbitos de la cultura en los comienzos del siglo XX, viene a ser rescatada finalmente por la música de la época y por su general aceptación por el gran público.

Particularmente apreciada por la naturaleza de su acción teatral popular y de su carácter ligero, con alternancia de partes habladas y cantadas, es la opereta más que ningún otro género.

Emblemática entre ellas es "La viuda alegre", opereta en tres actos del maestro húngaro Franz Lehar con libreto de Victor Leon y Leo Stein, inspirado en una "pochade" de Henri Meilhac, "L'attaché d'ambassade".

Franz Lehar (1870-1948), desde su juventud, fue un profundo conocedor de los temas musicales populares, después diplomado en el Conservatorio de Praga, a los 18 años, en violín y composición.

La primera representación de "La viuda alegre" tiene lugar el 28 de diciembre de 1905 en el Theater an der Wien, acogida con escepticismo por su director, Karczag, que la definió como "no música". Debió pensárselo dos veces antes de calificarla así: en breve fue repuesta otras doscientas veces y todavía hoy es considerada, entre la treintena de operetas compuestas por Lehar, como su composición que invariablemente obtiene un gran éxito en todos los lugares, por lo que se le puede considerar el verdadero heredero de Johann Strauss.

Además de por su rica invención melódica y rítmica, esta opereta es siempre favorablemente acogida por su elegancia y fácil escucha, así como por el contenido de la trama argumental, rica de sentimientos positivos (patriotismo, amor, generosidad) que ligan a unos protagonistas con otros: el embajador barón Mirko Zeta y su secretario Danilo Danilowitsh (tenor) intentan salvar su país de la bancarrota; la bella y rica compatriota Hanna Glawari (soprano), viuda de un banquero, asediada por muchos pretendientes; la intrigante Valencienne, esposa de Zeta, y el fiel canciller Njegus, "deus ex machina" y raro ejemplo de cómico.

Las situaciones escénicas que se suceden hacen participar al público en la sucesión de provocativas tentaciones que ceden el paso a la pasión final que se manifiesta en el vals del III acto (labios silenciosos), canalizando la agradable melodía hacia un consenso sentimental finalmente alcanzado.

En los años 80, en Italia, algunos directores artísticos y directores musicales se dedicaron a revaluar con producciones y grabaciones de alto nivel la opereta vienesa, que hasta entonces se venía representando por compañías itinerantes con vestuario y coreografía de vodevil y con cantantes y orquestas de tercer orden y nunca en los grandes teatros.

Una de las primeras producciones importantes fue la del Teatro Comunale de Bolonia, fruto del empeño del superintendente Carlo Fontana y del director musical Maestro Chailly, que pusieron en escena la opereta vienesa más conocida, "La viuda alegre", con dirección escénica (Filippo Crivelli), escenografía (Carlo Savi), coreografía (Vittorio Biagi) y dirección de orquesta (Alexander Sander) de alto nivel y, sobre todo, con estupendos cantantes.

Hanna Glawari fue una joven y entonces poco conocida Daniela Dessí, que ya se distinguía por su timbre aterciopelado y por su excepcional capacidad interpretativa, y el joven tenor boloñés William Mateuzzi (Camille de Rossillon) en los albores de una prometedora carrera. El resultado fue un gran éxito que nadie pronosticaba. Sin duda Franz Lehar fue en su género y en su época un gran músico.

En mi opinión, hubiera preferido, como siempre, la lengua original, para una mayor compenetración entre libreto y partitura. Cantada en alemán, "La viuda alegre" resulta mucho más sugestiva y fascinante. De la misma forma, "Luisa Fernanda" sería un desbarajuste cantada en alemán.

No obstante, sin duda esta producción del Teatro Comunale di Bolonia ha sido un notable paso adelante en la dignificación de la opereta.

LUISA MILLER - Giuseppe Verdi - 1849

Ópera en tres actos
Teatro Alighieri Ravenna 8/1/2000

El Teatro Alighieri de Ravenna está situado en la plaza principal de la ciudad y toma su nombre de Dante Alighieri, el gran poeta exiliado de Florencia, su ciudad, en 1303 por razones políticas y que vivió en Ravenna sus últimos años.

A pocos pasos del teatro se encuentra su tumba, un templete de estilo neoclásico, llamado afectuosamente el azucarero.

El Teatro Alighieri fue inaugurado en 1852, en una época en la que nacieron muchos otros teatros en Emilia-Romagna, incluso en pequeñas poblaciones como Bagnacavallo, Budrio, Busseto y otras, todos con buena acústica, no existiendo en aquellos tiempos muchas otras distracciones.

Cuando Verdi compuso "Luisa Miller" era ya un compositor sólidamente afirmado, puede decirse ciertamente que el más importante, la figura dominante en el ambiente operístico italiano.

Verdi, entonces, podía escoger los argumentos dramáticos que le resultaran más atractivos y componer sin las molestas injerencias de los empresarios.

"Luisa Miller" es la ópera que viene siendo considerada como el punto de partida del "nuevo" Verdi, anticipada en dos años a la espléndida trilogía: Trovatore, Rigoletto, Traviata (1851-1853), óperas que han marcado de manera definitiva la forma verdiana de conjugar partitura musical y drama escénico.

Respecto a las óperas precedentes, "Luisa Miller" tiene una orquestación más depurada, más ligada a la situación teatral; la urgencia del desarrollo dramático se hace cada vez más evidente, expresándose mediante un mayor alejamiento de los esquemas tradicionales.

Otro importante aspecto del arte verdiano es el cuidado casi maníaco del texto, sobre el que Verdi interviene continuamente hasta alcanzar el resultado deseado.

El libreto de Salvatore Cammarano está extraído del texto "Amore e raggiro" de Friedrich Schiller, del cual, sin embargo, conserva poco, porque Cammarano y Verdi cambian ambientaciones y descripciones, pero conservan el fuerte tema social de la violencia que el poderoso ejerce sobre la libre voluntad de los hijos. Por primera vez los personajes verdianos asumen una complejidad interior y narrativa que transforma la partitura en una vibrante descripción de sentimientos.

El papel protagonista de Luisa, uno de los más complejos del repertorio verdiano, fue interpretado con éxito por la joven soprano Alessandra Rezza, ganadora del último Concurso Internacional "Voci verdiane", que ha afrontado con la necesaria ductilidad los riesgos que supone una tesitura tan amplia.

Esta ópera contiene páginas de estupenda fuerza melódica y a la protagonista se le exige acentos de intimismo lírico y dramático que anticipan, en cierta medida, el personaje de Violetta, la protagonista de "La Traviata". A este respecto, el aria de Luisa del segundo acto, "Tu, puniscimi, Signore!", es un canto espontáneo, un flujo del alma de la protagonista, y no necesita un recitativo preparatorio: sintetiza la vibrante inspiración romántica de Luisa.

En el último acto Verdi ha querido huir de cualquier esquema previsible: es el encuentro, la concatenación de las pasiones y de las emociones de los protagonistas: Rigoletto, Azucena y Violetta están muy próximos.

Aparte de Alessandra Rezza es de señalar la buena interpretación del "Conde de Walter" por parte del ya experto bajo Francesco Ellero d'Artegna. Algunos otros jóvenes intérpretes proceden de la academia de canto "Giuseppe Verdi" de Busseto.

La vasta experiencia del maestro Romano Gandolfi le ha permitido una dirección musical segura y ordenada, capaz de superar los obstáculos de esta imaginativa partitura. Sin particular genialidad la dirección de escena de Flavio Ambrosini.

CONCIERTO PARA TROMBÓN Y ORQUESTA

CHRISTIAN LINDBERG, TROMBÓN
ORQUESTA SINFÓNICA DE LA RADIO FINLANDESA
SAKARI ORAMO, DIRECTOR

Auditorio de Santa Cruz de Tenerife 27/1/2005

El Auditorio de Santa Cruz de Tenerife es arquitectónicamente un edificio singular, con forma de pico de papagayo, todo blanco, revestido de reluciente trencadís. El fascinante exterior quiere simbolizar, según el proyectista Santiago Calatrava, una gran ola que viene del mar, una conjunción por consiguiente entre el océano y la tierra de esta isla. En el interior, la arquitectura de la sala es muy extraña y audaz, a costa de la calidad de la acústica. El público se posiciona en una empinada rampa, estrecha y larga, sin palcos, donde las ondas acústicas rebotan repetidamente. Solo en las primeras filas la escucha es nítida.

Se ha tratado de un concierto especial, porque no es frecuente escuchar un trombón solista con orquesta, sobre todo si se trata del considerado como el mejor trombonista del mundo, uno de los solistas más personales y virtuosos del panorama musical. Sueco, espectacular intérprete, ha sido acompañado por la

Orquesta Sinfónica de la Radio Finlandesa, dirigida por el joven maestro Sakari Oramo, ya conocido a nivel europeo.

Los dos conciertos ejecutados por el trombón solista y la orquesta pertenecen a dos épocas muy diferentes, separadas por más de doscientos años. Pero la gran y espectacular capacidad interpretativa de Lindberg no tiene límites y basta un corto intervalo para concentrase en la pieza siguiente.

La primera interpretación ha sido el "Concierto para trombón y orquesta en re mayor", resultado del arreglo, hecho por el mismo Lindberg, del "Concierto para viola y orquesta en re mayor" de Leopold Mozart (1719-1787), padre de Wolfgang Amadeus y buen compositor. . Este concierto, compuesto probablemente en torno a 1775, fue dado por perdido durante casi dos siglos y el manuscrito fue reencontrado en 1970, conservando la estructura original "adagio-minuetto-allegro". La aspiración de equilibrio y armonía confirman la evolución estilística del primer clasicismo. La parte virtuosística, ejecutada a la perfección por Lindberg, está contenida en el allegro, mientras que la orquesta tiene mayor protagonismo en el minuetto. Leopold fue un compositor al que la historia debería darle algún otro mérito aparte del de su paternidad.

La segunda interpretación, muy desafiante, era "Solo", para trombón y orquesta, de Luciano Berio (1925-2003), compositor italiano que, entre todos los maestros de la música contemporánea, ha sido uno de los más permeables a las tradiciones. En 1986 Berio, interesado en las posibilidades expresivas del trombón y en su investigación exploratoria, propone al solista Christian Lindberg el proyecto de realizar una obra concertante.

Después de una estrecha colaboración con el virtuoso sueco, en 1999 se materializa la versión definitiva de "Solo", después de ocho revisiones que indican el alto nivel del esfuerzo dedicado a la composición de esta obra. Berio la dedicó al mismo Lindberg. Teniendo en cuenta la gran personalidad del intérprete, gran trombonista y acreditado "showman", "Solo" posee una fuerte componente escénica. En el curso de veinte minutos, en un solo movimiento, explora tanto la capacidad expresiva del instrumento como su vena histriónica. Es una verdadera obra maestra, con cambios de registro, juegos con la altura de las notas, agresivos contrastes rítmicos y un diálogo con la orquesta de impronta stravinskiana. "Solo" está considerado como el último gran concierto del siglo XX. El éxito obtenido ha recompensado el atrevido trabajo de Berio y Lindberg, dirigido a ampliar el espectro sonoro del trombón y a darle, con este concierto, una nueva dimensión expresiva.

Para terminar, ha sido una velada única, de las que quedan impresas en la memoria.

IL BARBIERE DI SIVIGLIA

Gioacchino Rossini – 1816
Ópera en dos actos

Teatro Real Madrid 29/01/2005

Esta mañana (el día después) me he despertado con el deseo de poner por escrito las extraordinarias emociones que he sentido ayer noche en el Teatro Real de Madrid al asistir a una producción de excelso nivel de "Il barbiere di Siviglia", ópera bufa considerada como la obra maestra de su autor.

He nacido y he vivido buena parte de mi vida en la ciudad natal del padre de Rossini, Lugo di Romagna. Conozco bien la casa donde Rossini vivió cerca de tres años, la escuela de música Malerbi donde comenzó sus estudios, el órgano (un Callido de 1798) donde se ejercitaba, el teatro de 1767 del arquitecto Bibiena que ahora lleva su nombre.

La ópera es mi gran pasión; proviene de mi abuelo paterno que escuchaba ópera, naturalmente, solo en el teatro y de mi padre que la había heredado de él.

Sé que hoy nadie puede cantar el aria de la "calunnia" mejor que Ruggero Raimondi.

Sé lo mismo respecto a Juan Diego Flórez en el Conte d'Almaviva: es un verdadero fenómeno rossinano y, con él y con su inmensa calidad vocal, por primera vez he asistido a un Barbiere en el que el Conte d'Almaviva asume el papel de gran protagonista.

María Bayo es un ejemplo de dedicación al estudio: su carrera ha sido una continua progresión hasta la cúspide mundial: gran escuela, gran profesionalidad, vasto repertorio, gran voz, gran técnica y ahora también gran intérprete de una espléndida Rosina.

Considero al maestro Gelmetti hoy entre los mejores directores musicales italianos; lo aprecio por su profesionalidad y discreción y por ser un gran y refinado director rossiniano. La orquesta en las óperas de Rossini debe también ser capaz de subrayar perfectamente todas las situaciones escénicas en total sintonía con las voces.

Por eso me decía que con este reparto será con seguridad un gran Barbiere; pero el maestro Sagi ha sido mi gran sorpresa.

He leído su rico curriculum, pero en un curriculum no se puede apreciar la genialidad: hace falta ver sus montajes y emocionarse. Asturiano; nacido, educado e instruido en una realidad tan alejada de la tierra de Rossini, ha sabido interpretar y representar la genialidad rossiniana como yo nunca había visto. En las cuatro horas de espectáculo he sentido bellísimas emociones, he recorrido muchos pensamientos, asociaciones, recuerdos.

Emilio Sagi en este Barbiere ha estado indudablemente genial y estoy seguro de que esta producción obtendrá un gran éxito.

La "construcción" de Sevilla durante las últimas notas de la obertura, la original representación de la "calunnia" con un lienzo blanco, la elegancia y la "medida" de este Barbiere (generalmente Don Bartolo resulta siempre bastante histriónico, pero aquí está controlado y simpático) son las cualidades sobresalientes de este bello montaje.

Rossini era un genio elegante, universal y positivo, con un personalísimo estilo: Sagi expresa esta elegancia en todos los detalles de la puesta en escena y, sobre todo, con el uso del blanco y negro en gran parte de la representación; la música de Rossini tiene tanto color que es suficiente con acompañarla con el blanco y el negro. La universalidad se explica con el hecho de que un compositor italiano de Pesaro de inicio del XIX pueda ser representado tan bien casi doscientos años después por un regista asturiano. El positivismo de Rossini, su amor por la vida emerge con la explosión final de colores y alegría (ballet, globo, vestidos).

Además de subrayar el retrato de perfil de Rossini sobre las paredes, porque cada vez se representa el Barbiere él es el protagonista absoluto.

He leído que Rossini había escrito muchas partituras para soprano y para mezzo adaptándose a la voz de su mujer, Isabel Colbran. Yo he imaginado, mientras escuchaba, que Rossini podría haber escrito el aria de la "calunnia", con su famoso crescendo, pensando en una voz y una capacidad interpretativa como la de Raimondi y la partitura del Conte d'Almaviva pensando en la voz de Flórez.

Esto se ha verificado ayer noche en Madrid después de casi doscientos años y se ha reencontrado la "eterna magia" de la música lírica.

IL VIAGGIO A REIMS

Gioacchino Rossini – 1825
Ópera en tres actos

Teatro Arriaga Bilbao/ diciembre de 2008
En homenaje al Maestro Alberto Zedda

En diciembre se pone finalmente en escena "Il viaggio a Reims", producción del Teatro Real de Madrid en colaboración con el Rossini Opera Festival de Pesaro, en el cual tuvo su première en el Festival de 2001, después representada en el Real de Madrid, en Florencia, en Bilbao, en Santander y programada para la próxima temporada en Valladolid. La dirección escénica del Maestro Sagi es, después de siete años, todavía actualísima, e incluso, a mi entender, tiene aún un largo recorrido de futuro.

Mi pasión por Rossini y la identidad del regista y del director de orquesta hicieron que corriera al teatro a no perderme esta verdadera perla de ópera a la que nunca había asistido, conociéndola tan solo por escuchar la archiconocida grabación del grandísimo Claudio Abbado en 1984, rodeado de las mejores voces de aquel tiempo.

Esta obra había caído en el olvido durante un siglo posiblemente por su atipicidad, tanto como la originalidad y la genialidad de Rossini: al menos diez personajes principales, cada uno de ellos con importante y difícil parte en la obra (lo que supone un elevado coste si se quiere disponer de buenos cantantes rossinianos), en un largo y único acto, pero con una enorme calidad musical.

Esta obra maestra fue felizmente recuperada y representada en el festival de Pesaro de 1984, con escena de Luca Ronconi y dirección musical del Maestro Abbado, después registrado en un CD histórico y con un reparto excepcional de diez estrellas rossinianas: Gasdia, Valentini-Terrani, Cuberli, Ricciarelli, Giménez, Araiza, Ramey, Raimondi, Nucci, Dara y un joven William Mateuzzi. Imposible en aquel tiempo encontrar localidades en Pesaro para esta representación. Me contenté con el CD.

El director del Rossini Opera Festival, el Maestro Alberto Zedda, considerado como el mejor director rossiniano, encargó en 2001 a Emilio Sagi asumir la importante herencia de reponer en escena esta ópera en Pesaro. Creo que la principal razón de esta elección fue debida al hecho de que la originalidad y la inventiva del Maestro Sagi casaba bien con la vitalidad, el entusiasmo y la positividad de la música de Rossini y sustancialmente por la capacidad directiva de Sagi en todos los campos y el grado de identificación con esta música que le lleva a realizaciones del más alto nivel, como ocurriría con "Il Barbiere di Siviglia" del 2005 para el Teatro Real y en otras muchas ocasiones.

En el Arriaga dirigía el mismísimo Maestro Zedda, que forma parte del selecto grupo de directores capaces de transformar una orquesta con tan solo unos pocos días de ensayos.

Para esta producción se ha elegido un reparto de jóvenes cantantes que poseen una voz lo más rossiniana posible, es decir timbre límpido, coloratura, facilidad de agudos y también presencia escénica. Pero los protagonistas son diez y esto hace todavía más difícil el resultado: si no hay un equilibrio entre las calidades vocales de los cantantes y si no todos están a la altura de su partitura, se crea una desarmonía, una disonancia en la homogeneidad de la representación, si bien hay que tener en cuenta que la perfección es imposible de conseguir. En el amplio reparto cantó muy bien la joven soprano Auxiliadora Toledano/Corinna en su primera actuación pública de verdadera entidad, con un bello timbre y un prometedor talento y, en mi criterio, con posibilidades de aspirar a un buen futuro. También me gustaron Lola Casariego/Marquesa Melibea, mezzosoprano dúctil y fiable, el bajo brasileño Silvio Sperandio/Don Profondo y el bravo tenor "di grazia" Shi Yijie/Cavalier Belfiore, de inconfundible nombre chino.

La acción se desarrolla en Francia y los diez personajes, cada uno proveniente de distintas nacionalidades, viajando hacia Reims para asistir a la coronación del futuro rey de Francia, hacen una parada de pocos días en el hotel termal "El Lirio de Oro". Aquí se entrelazan cortejos, litigios, reconciliaciones, etc que culminan en una fiesta final, todo según los cánones de la ópera bufa rossiniana. Ninguno, sin embargo, conseguirá llegar a Reims por la imposibilidad de conseguir caballos para el viaje.

La dirección y escenografía de Sagi ha sido lo que más me ha sorprendido y divertido: felicísima la idea de actualizar la obra, transformando el hotel en un balneario; superando perfectamente la gran dificultad de movimiento de los diez personajes protagonistas, amén de los empleados del centro, en la escena de un teatro de no grandes dimensiones. Un gran acierto los dos notables hallazgos escénicos simpáticos y divertidos: el cambio de trajes en escena y la metáfora final de la entrada del rey niño Carlos X con unos globos de colores en la mano.

Escenografía simple: hamacas y sillas blancas, y, posteriormente, lámparas también blancas.

Vestuario de Pepa Ojanguren: primero albornoces blancos y después trajes negros elegantes para la fiesta. El conjunto de todas estas originales ideas son los instrumentos que Sagi adopta para reproducir con buen gusto, elegancia y mesura la ironía y el entusiasmo de Rossini.

Con la referencia lejana de las notas de la partitura y de un libreto no simple, el regista ha materializado una genial idea inicial, según el concepto de "regia moderna", con discretas actualizaciones e inventiva impredecible dentro siempre del respeto a la partitura y al libreto, obteniendo una producción intemporal y por ello de larga vida. Al modo de Luca Ronconi, este empeño es el resultado de una larga experiencia teatral, afrontando desde su inicio un completo estudio que aúna los aspectos filológico y musicológico, el canto y el recitado, la escenografía, le dirección escénica, la dirección artística, una cuidadosa atención a los detalles, acompañado todo ello por una gran pasión y una gran emoción.

LUISA FERNANDA

Federico Moreno Torroba - 1932
Zarzuela en tres actos

Teatro Calderón- Valladolid 5/6/2008

Se trata de una nueva producción del Teatro Real de Madrid en coproducción con Washington Opera y Los Angeles Opera.

"Luisa Fernanda", tras su estreno en 1932 y después de cientos y cientos de representaciones, es la zarzuela por antonomasia y ciertamente la más conocida. Si se debiera citar repentinamente el título de una zarzuela es probable que el primer nombre que venga a la mente sea "Luisa Fernanda".

La clave principal de su éxito es la total coherencia que los autores han conseguido entre libreto y partitura. En esta zarzuela el canto, la riqueza musical y la fina y colorista orquestación de Torroba adquieren el protagonismo que merecen, convirtiéndose sin duda en el más destacado de los éxitos del autor.

En esta partitura, rica en inspiración, fluida y extremadamente sugestiva, se manifiestan los valores eternos del teatro musical.

El libreto de Federico Romero y Guillermo Fernández Shaw genera un desarrollo teatral eficaz, resultando así un equilibrio entre las situaciones de tensión dramática y las dosis de humor de la comedia.

La genialidad consiste en la transmisión de emociones, representando óperas o zarzuelas de una manera que nadie antes había adoptado, con ideas nuevas y tentadoras.

La expresión genial más evidente de esta "Luisa Fernanda" tantas veces vista es la elegancia dada a la utilización del blanco y el negro, en el vestuario y en la escenografía, que contribuye a dar finalmente dignidad a esta zarzuela tan conocida y tan representada repitiendo siempre los mismos estereotipos en la puesta en escena.

Finalmente, con esta dignidad adquirida, esta zarzuela, producción del Teatro Real de Madrid, gracias también a Plácido Domingo, que, como el director de escena Emilio Sagi, tiene la zarzuela en su patrimonio genético, ha podido comenzar a salir de los confines de España y ser representada en grandes teatros, como La Scala de Milán, Washington, Viena, Santiago de Chile. En Italia ha suscitado polémicas injustificadas, solo debidas a que la zarzuela, en la patria de Verdi, Rossini, Puccini y Bellini, es desde siempre un género musical completamente desconocido, incluso en las Escuelas de Música y Conservatorios. Pero la zarzuela tiene, en general, una riqueza musical y un potencial teatral tal que basta una bella y elegante puesta en escena y buenos cantantes para convertirse en un espectáculo de alto nivel.

Además de la bravura del Maestro Sagi y del director de orquesta Luis Remartínez, muy buena prestación de la Orquesta Sinfónica de las Baleares; del reparto de los cuatro protagonistas, que interpretan personajes con amores e intereses retorcidos, ha destacado María Mendizábal en el papel principal de Luisa Fernanda, con timbre bello y límpido, y el joven tenor Israel Lozano en el papel de Javier, al que deseo una feliz carrera.

Después de esta producción, espero que el género de la zarzuela adquiera para siempre más dignidad y que pueda ser musicalmente conocido en todo el mundo, como se merece.

ERA LA NOTTE

Ópera de Cámara
Anna Caterina Antonacci, soprano

Teatro Arriaga Bilbao 21/11/2008

En noviembre, una feliz sorpresa: Anna Caterina Antonacci en la programación del Arriaga, una cita para no perdérsela.

Escuché a A C Antonacci a finales de los 80, cuando cantaba en el Coro del Teatro Comunale de Bolonia, "mi teatro"; después comenzó a interpretar papeles menores de soprano ligera, llegando pronto a destacar. La escuché en "La pietra del paragone" de Rossini en 1986, "Vespri Siciliani" de Verdi también en 1986, "Mosè" de Rossini en 1991. En Bolonia era considerada un poco como la benjamina del gallinero: todos la apreciábamos, joven, brava, guapa y boloñesa.

Después, valiéndose de un timbre extraordinario y de una gran capacidad dramática, comenzó su éxito internacional interpretando óperas del siglo XVII y del XVIII, de Monteverdi, Haydn, Gluck, Paisiello y Mozart, mientras continuaba siendo una aclamada intérprete de Rossini, tanto bufo como serio, y del belcanto romántico. Desde el 2004 ha afrontado papeles de soprano dramática y últimamente de mezzosoprano ("Carmen" de Bizet).

Una reciente entrevista televisiva del escritor italiano Alessandro Baricco me confirmó que Anna Caterina es una mujer muy inteligente y sencilla, todo lo contrario a una diva. Su actual registro está entre soprano lírica y mezzo alto, muy adaptado al programa de esta función con arias del XVII de Pietro Antonio Giramo, Claudio Monteverdi, Barbara Strozzi, a los que se deben añadir las piezas instrumentales de Biagio Marini.

Con estas premisas y con este bagaje de recuerdos no podía faltar a lo que creía que iba a ser un recital o un concierto.

En cambio, en el teatro, otra sorpresa: se trata, en efecto, de una "Ópera de cámara" que aúna canto, música de una pequeña orquesta y una sugestiva escenografía con agua y fuego, en torno a la cual se movía delicadamente la protagonista. Resultado: un espectáculo único por su elegancia y armonía: una pequeña perla.

El equipo artístico que ha trabajado en esta puesta en escena (decorados, luces, vestuario) ha sido dirigido por Juliette Deschamps.

La orquesta "Les Siècles" estaba compuesta por siete instrumentistas (cello y órgano, más cuerdas), todos jóvenes, entregados y de distintas nacionalidades (universalidad de la música).

"Era la notte" se había estrenado en mayo de 2008 en el Thêâtre du Chatelet de Paris y es un espectáculo que merece gran éxito y difusión.

El Teatro Arriaga, por sus dimensiones y por su acústica, está hecho a su medida.

KATIUSKA

Pablo Sorozábal, 1931
Zarzuela en dos actos

Teatro Arriaga, Bilbao - Septiembre 2008

El pasado septiembre, atraído por un título de zarzuela que no conocía, pero de la que me habían hablado, de un autor que, sin embargo conozco bien, y del director de escena que en estos momentos constituye un imán para mis deseos de acercarme al teatro, organicé un viaje de trabajo a Vitoria y a Bilbao para asistir a la primera representación de esta producción.

Teatro muy bello, de óptima acústica, aunque con un escenario algo pequeño para la puesta en escena compleja, en la que encontramos una escenografía capaz de representar todo de forma completa. Las destrucciones de la guerra posicionadas ante el escenario y siempre presente, incluso durante los ballets cómicos para no olvidar el horror; las paredes laterales blancas para que el espacio escénico aparente mayor amplitud, dispuestas en planta trapezoidal respecto al horizonte, de forma idónea para incrementar la profundidad; las luces coloreando diversamente el horizonte de forma sugestiva; la gran cornisa que encuadra inicialmente la escena dándole un significado de evocación histórica, como un cuadro realista de los años 20. Era fácil percibir que la producción se había preparado con un trabajo minucioso, incluso en los movimientos e interpretaciones de los personajes: el "Noche hermosa," de Katiuska cantado con gran intensidad sobre las ruinas, los ballets y la coqueta Olga tratados con gracia mesurada; finalmente, la interpretación del personaje más contradictorio y difícil, Pedro Stakof, llevada de forma muy acertada, pese a ser cantado con mucha fuerza expresiva por el barítono Ángel Ódena.

Todas estas consideraciones me condujeron a la misma conclusión: las zarzuelas del Maestro Sorozábal son distintas de todas la que he visto desde que vivo en España. El tratamiento con el que Sagi afronta la dirección de una zarzuela está siempre dirigida a dar la mayor dignidad a este género; huye de la fácil comicidad, de lo ridículo, traducido todo a una sonrisa y a una continua búsqueda de la transmisión de emociones verdaderas, no ficticias.

Por otra parte, la música y el libreto de esta zarzuela son bellísimos, con momentos musicales y literarios muy bellos y de gran intensidad. Todo ello unido a la muy buena dirección musical del maestro Giménez Carreras, especialmente en la introducción a cargo de orquesta y cantantes.

La grata sorpresa final ha sido saber que el Maestro Sagi será nombrado titular de la Dirección Artística de este teatro, seguramente menos problemática que la del Real y con mayor libertad para programar y representar "pequeñas perlas".

LA DEL MANOJO DE ROSAS

Pablo Sorozábal – 1934
Zarzuela en dos actos

Teatro Campoamor de Oviedo 10/8/09

Se trata de una nueva producción del Teatro Campoamor.

Esta zarzuela tiene para mí un significado particular por varios motivos: el aria "No corté más que una rosa" fue una de las primeras arias de zarzuela que escuché, llegado a España sin saber qué podría ser una zarzuela, después de veinte años de frecuentar los teatros líricos: entonces en Italia casi nadie sabía qué era realmente una zarzuela.

Naturalmente me quedé impresionado por la belleza musical y la expresividad de esta aria y comencé a querer conocer este género musical comprando CDs. Pero, como siempre, una cosa es oír una pista de un disco y otra muy distinta asistir a una representación en el teatro. Durante varios años vi pocas zarzuelas; prefería la ópera en el teatro. Estaba fascinado por la riqueza musical de la zarzuela, sobre todo las de Sorozábal y Luna, pero no apreciaba las puestas en escena tipo vodevil, con exageraciones bufonescas que encontraba muy en contraste con la belleza de las partituras.

Después de haber visto una zarzuela puesta en escena por Emilio Sagi, Luisa Fernanda, mi actitud cambió y cada zarzuela suya es un nuevo descubrimiento, una nueva sonrisa. Sagi ha sido durante varios años director artístico del Teatro de la Zarzuela de Madrid. Nació en una familia donde se respiraba zarzuela; probablemente en su juventud nunca imaginó que llegaría a dirigir la misma zarzuela, "La del manojo de rosas", que 80 años antes su abuelo, el famoso barítono Emilio Sagi-Barba, encargó al maestro Sorozábal para que uno de sus hijos, el barítono Luis Sagi-Vela, debutase en una zarzuela inédita.

La zarzuela es para mí un género único por su nacimiento, su desarrollo, por sus muchos autores y por el tipo de estructura teatral con muchos recitados y papeles dedicados solo a actores.

Yo la asimilo, un poco por ser de la misma época, un poco por su misma riqueza musical y un poco por su misma estructura teatral, a la opereta vienesa. Por esto estoy seguro que el Maestro Sagi podría realizar una bellísima "Viuda alegre", musicalmente entre las más bellas y con un libreto capaz de dar a su genial creatividad muchas ocasiones nuevas e interesantes. Naturalmente, cantada rigurosamente en alemán por la indispensable compenetración entre el ritmo del texto y el de la música; sería ridículo cantar una zarzuela en una lengua distinta del español, como el italiano o el alemán.

El aria "No corté más que una rosa" la escuché por primera vez en la voz de una soprano de veintitrés años, Sabina Puértolas: no era difícil reconocer ya entonces en ella el talento y la ambición: necesitaba solo añadir la determinación en el estudio y, con la maduración de la voz, el resultado habría sido una importante carrera, como efectivamente la está desarrollando.

Desde hace tres años, cada vez que escucho a Sabina la encuentro mejorada en todos los aspectos; en estos tres años ha adquirido un gran dominio de la voz, es decir una seguridad que le permite desarrollar al máximo su innata "vis teatral". Innata porque ya en su primer papel protagonista, en la zarzuela "El asombro de Damasco", de Pablo Luna, eran evidentes sus cualidades de actriz; desde este punto de vista, en esta temporada que ahora se cierra, en el papel de Oscar de "Un ballo in maschera" en el Teatro Real ha desempeñado su papel con gran seguridad, cantando de manera impecable una partitura que ya esta fuera de su registro habitual.

He aquí mi particular unión con esta zarzuela y sobretodo con esta producción del Campoamor, por la estima y admiración que me produce la conjunción de dos artistas como Sabina Puértolas y Emilio Sagi.

Pablo Sorozábal es conocido como uno de los mejores autores de zarzuelas del siglo XX y también como exponente de las nuevas corrientes musicales de ese siglo.

"La del manojo de rosas" es una zarzuela musicalmente bella, con arias muy notables y con mucho recitado.

Emilio Sagi, con la ayuda de Gerardo Trotti, ha ideado una estructura escénica hiperrealista, totalmente nueva, ambientada en los años 30-40: la fachada de las casas del barrio madrileño no es un simple fondo, sino una verdadera estructura portante; por las ventanas se puede ver el interior de las habitaciones donde hay personas que se mueven y se asoman a la plaza, resultando así más real la vida del barrio. Además, en la habitación de Doña Mariana se desarrolla la escena de la reconciliación entre Ascensión y Joaquín, con el sugestivo hallazgo escénico de abrir la fachada y aislar la iluminación.

Como siempre, Emilio Sagi, gran maestro en la dirección de zarzuelas, sabe siempre encontrar nuevas inspiraciones y detalles escénicos fascinantes: todas las viviendas y las tiendas de planta baja están decoradas al mínimo detalle como en la época de la acción, así como el atrezzo, con una precisión de cartujo; el mismo cuidado se ha puesto en el vestuario, firmado por Pepa Ojanguren, que he encontrado muy bello, junto con la coreografía.

En los movimientos escénicos se dejan ver las siempre agradables invenciones de Sagi: en el primer acto la detención del movimiento de los personajes y el coro hace recordar una sucesión de flashes fotográficos; después, muy bella y original la representación del conflicto de los celos entre Joaquín y Ricardo, cada uno delante de un grupo, avanzando y retrocediendo; mientras, en el segundo acto, la cita de "Singing in the rain" introduce una ruptura que hace menos uniforme la vida del barrio.

Sabina Puértolas, en el papel protagonista de Ascensión, plenamente centrada en este personaje y en esta partitura, demuestra inmediatamente desde el primer acto sus grandes dotes de actriz en los recitados, exquisitamente coqueta, y su calidad vocal en el agudo de la primera aria, inmediatamente subrayada por los aplausos del público. También muy bien resuelto el dúo recitado entre Ascensión y Doña Mariana/Pilar de la Torrente, excelente actriz.

La interpretación de "No corté más que una rosa" ha sido impecable tanto en lo vocal (coloratura, voz llena, pausas, subrayados) como en lo tocante a expresividad emotiva:

¡cuánto ha crecido Sabina, recordando la interpretación de esta aria en su primer recital!

Hay que resaltar la calidad actoral de Espasa/Maestre y Rafael Castejón, siempre excelente.

Desgraciadamente no ha habido una completa homogeneidad en la representación: frente a una óptima puesta en escena me ha desilusionado la dirección musical: orquesta a veces demasiado alta, superando a las voces, sobre todo a Clarita, dotada de un limitado volumen de voz, con una evidente descoordinación entre foso y escenario.

El tenor Ricardo Rodríguez-Norton, insípido como intérprete y sin pena ni gloria como cantante.

Joaquín/Menéndez, buen actor, es un barítono demasiado concentrado en la técnica y en no cometer errores; en consecuencia, le ha faltado corazón, especialmente en el aria "Madrileña bonita", demasiado controlada.

En esencia: una bellísima y siempre sorprendente puesta en escena, que tendrá sin duda gran éxito en otros teatros; una muy brava Sabina Puértolas que merecía un partner a su altura, un Maestre indispensable y una dirección musical a mejorar.

CECILIA BARTOLI

RECITAL

Auditorio de Valladolid - 8/4/2009

Cecilia Bartoli es un fenomenal talento musical, una renombrada estrella mundial del belcanto y como tal solo podría ser definida con adjetivos superlativos.

No obstante, Cecilia es una mujer sencilla, afable, sensible, con una gran capacidad comunicativa que le permite establecer fácilmente una empatía con el público. Basta fijar la atención en la foto de la cubierta del programa de este recital donde aparece sin joyas: es una indicación significativa.

Cecilia Bartoli posee una voz de extrema agilidad, un timbre límpido, un temperamento artístico fascinante y un gran dominio de la voz, prácticamente perfecto, tanto que su canto surge natural, igual de asequible para todo tipo de espectadores, incluso para los más alejados de los confines de la Lírica.

Es ésta, sin duda, una de las razones de sus éxitos discográficos, con diez millones de CDs vendidos (Vivaldi, Gluck, Salieri y Opera Proibita), hecho muy positivo para la difusión del arte lírico, no solo entre sus apasionados.

Éste es el motivo de que Cecilia Bartoli sea la cantante lírica más conocida por los jóvenes y de que en sus conciertos y recitales, como éste de Valladolid, se produzca un lleno absoluto, con muchos jóvenes.

Mi amigo Marcelino, que enseña música en las aulas de una Escuela de Primaria, inicia a sus alumnos en el arte lírico haciéndoles oír y ver los DVD de Cecilia Bartoli, que con su virtuosismo los fascina mágicamente.

Es un primer paso, porque oír una grabación es muy accesible, pero escuchar en vivo es infinitamente mejor, ya que permite aprehender detalles de refinada belleza: timbre fantástico y único, filados deliciosos y suspendidos, registro de mezzo perfectamente centrado y amplio, fácil comunicación emotiva con el público.

En este recital Cecilia Bartoli ha renunciado a la orquesta y ha cantado acompañada por el pianista Sergio Ciomei.

El recital, titulado "Soireé rossiniana", contiene canciones y arias de Rossini, Bellini, Donizetti, Viardot, Malibrán y Manuel García, que eran cantadas en los salones aristocráticos de la época.

Estas canciones, reagrupadas por autores, encarnan la esencia del belcanto de la primera mitad del siglo XIX.

Las primeras tres canciones, en dialecto veneciano, aparecen en el álbum "Regata veneziana" de Rossini y han sido cantadas con exquisita expresividad, en su color popular, subrayado por el dialecto y por la emoción de la protagonista.

Han seguido siete canciones de Bellini, que amaba este género de "arie da camera"; la sensibilidad romántica de Bellini se convierte en una extraordinaria capacidad de crear belleza, que Bartoli interpreta de modo perfecto, usando las exquisitas cualidades de su voz en cada detalle.

Después se torna a Rossini con cinco canciones entre lo nostálgico y la alegría de vivir expresada en una canzonetta española.

La capacidad melódica de Cecilia Bartoli afronta las cuatro canciones de Donizetti, con su inmenso sentido de la melodía.

Todavía tres arias rossinianas y después la cantante nos regala tres pequeñas joyas prácticamente desconocidas, obras de tres importantes cantantes: el sevillano Manuel García, tenor, y sus hijas María Malibrán y Pauline Viardot, por una u otra razón ligadas familiarmente a Rossini, Bellini y Donizetti.

Cecilia Bartoli es la mejor mezzosoprano que jamás haya escuchado, la mejor heredera de Fiorenza Cossotto.

He asistido a un recital inolvidable; Cecilia es capaz de atraer masiva y mágicamente al público: ha concedido tres bises, todos escuchados en pie. Este auditorio tiene una óptima acústica, revestido de madera, con balconadas, palcos y un falso techo sobre el escenario.

En los conciertos y recitales el feeling de Cecilia Bartoli con el público se enciende como una chispa, porque se acrecientan las amplias capacidades vocales de su registro.

Algunos críticos musicales de España encuentran su volumen ligero; no lo considero cierto: este auditorio es grande y mi posición en él no era próxima al escenario, y sin embargo no he perdido ni aun así la mínima nota de un filado. Una gran cantante no debe ser necesariamente tan solo potente, sino que debe tener también otras muchas dotes.

El segundo bis ha sido la canción italiana "Non ti scordar di me" y ninguno de los espectadores, yo incluido, olvidaremos este recital.

MARÍA BAYO

RECITAL con música de Isaac Albéniz
Teatro Gayarre. Pamplona. 5/6/2009
Recital en conmemoración del centenario de la muerte de I. Albéniz

Isaac Albéniz (1860-1909) fue sin duda un gran compositor español, sobre todo en la producción pianística: es, en efecto, considerado entre los grandes del piano, lo mismo como compositor que como intérprete. Su obra cumbre, la "Suite Iberia", de enorme dificultad técnica ("al menos no la podrán machacar las niñas del Conservatorio", decía el autor, porque siempre parece faltar un dedo para su interpretación) ha sido grabada por bastantes pianistas españoles, pero por pocos de los grandes pianistas extranjeros: solo hay grabaciones completas de Ciccolini y Heiser y, solo de los dos primeros cuadernos, de Arrau y Barenboim.

Sus numerosos viajes y las enseñanzas recibidas de Liszt, le procuraron una gran experiencia fuera de los límites de España: Por este motivo, en sus composiciones encontramos la tradición musical española, pero también influencia europea, sobre todo francesa.

Las primeras "Seis Baladas", con texto en italiano, y "Rumores de la Caleta" recuerdan al compositor italiano Tosti.

María Bayo (soprano) canta con perfecto dominio del filato y del agudo y con su timbre luminoso.

Las piezas para piano solo, tocadas con calidad por el pianista polaco Maciej Pikulsky, "Preludio" y "Malagueña" (de "Seis hojas de álbum") y "Triana" (de "Iberia"), son bellísimas composiciones con un lenguaje pianístico variopinto y caracterizado en la sonoridad de la música española.

Las "Cinco rimas de Bécquer" son muy bellas, con texto en español, pero sin la sonoridad característica de la música nacional.

Las tres piezas con texto francés "Chanson de Barberine", "Tristesse" y "Il est en de l'amour" manifiestan la influencia de Fauré y de Debussy, que fueron en París amigos de Albéniz.

En las últimas canciones de amor con texto en inglés, como en el resto del programa, María Bayo se expresa con una interpretación que, por encima de una perfecta técnica vocal, está impregnada de una íntima y melódica dulzura: posee emociones que encantan y que marcan la diferencia entre la soprano "pura técnica" y la soprano que, además, exterioriza su propia alma y el placer de cantar que transmite empáticamente al público.

El recital concluyó con 4 bises.

LES MAMELLES DE TIRESIAS

Francis Poulenc - 1947
Ópera en dos actos

Teatro Arriaga – Bilbao 28/5/2009

De nuevo con esta dirección, Emilio Sagi se confirma gran maestro en la ópera cómica. Sobre todo en este género se encuentra muy cómodo, porque le permite exprimir de forma especial su genialidad y su creatividad.

Después de muchas Zarzuelas, después de Rossini y Donizetti, la elección, con mucho coraje, de una ópera cómica poco conocida y poco representada, a pesar de ser una obra maestra de mediados del S. XX, ya sea musicalmente o como libreto, procedente de la comedia surrealista, del mismo título, de Guillaume Apolinaire, perteneciente a un período histórico-cultural europeo en el que solamente en Francia era posible exprimirse tan modernamente.

Se trata de una ópera en dos actos, no muy largos, pero con una sucesión vertiginosa de escenas completamente absurdas, como lo son los personajes que las protagonizan.

En este contexto, la inventiva e imprevisibilidad de Emilio Sagi se exaltan, logrando un resultado excelente, que deja al espectador asombrado, sorprendido y divertido.

Esta puesta en escena será seguramente referencia en la historia de las representaciones de esta ópera, así como lo han sido "El viaje a Reims" y "El barbero de Sevilla", ópera difícil de representar e interpretar: puede que por este motivo el director de escena pensaba en ella desde hacía por lo menos 4 años, que con tiempo pudo definir una idea global de la dirección y elaborar con máximo cuidado las divertidas e irónicas genialidades escénicas. Además con su "varita mágica" ha transmitido a sus colaboradores este diseño global, trabajando de manera evidente en perfecta armonía, con resultado excepcional: Sánchez Cuerda, joven pero muy creativo; Eduardo Bravo, luces sugestivas y complementarias en los dos planos de acción y en el cambio de ambiente escenográfico de minimalista a kitch; Gabriela Salaverri, vestuario muy original, divertido y perfecto para esta representación: me ha gustado sobre todo la idea del monocolor rosa.

Esta ópera musicalmente es una obra maestra del S. XX: partitura caracterizada por utilizar muchos instrumentos de viento, propio de las orquestaciones de este siglo, con sonidos únicos y momentos difíciles de interpretar, como la entrada de Tiresias, en la que María Bayo ha desenvuelto, con su gran maestría y seguridad, repentinos y sorprendentes agudos iniciales.

Hay que destacar la valentía con la que María Bayo ha aceptado este difícil rol, contribuyendo con mucho mérito a la calidad de esta representación, la cual se replicará, con la misma Tiresias, en el Liceu de Barcelona, teatro en co-producción.

Una María Bayo espléndida, porque es una gran actriz, también actriz cómica, y por la gran dificultad de su partitura, aún siendo breve su presencia en escena.

Troy Cox, joven barítono, el verdadero protagonista de esta ópera ya que permanece siempre en escena, ha cantado muy bien, perfectamente afinado, con la sonoridad de un timbre claro y con gran presencia escénica.

La ópera cómica es un género poco común en el S. XX; en este caso anticipa en el 1947 temas que después serán actuales en los años 70, como el feminismo, adopta el disfraz como elemento central del comic, ya presente en la historia del melodrama desde hace más de un siglo.

Esta estupenda ópera es poco conocida y en pasado se ha representado muy poco, probablemente porque los argumentos del libreto son demasiado adelantados en cuanto a ideas.

Es increíble cómo una ópera que dura solamente 1 hora puede dejar tan buen sabor de boca y tantas emociones positivas.

VOLKSOPER DE VIENA

CONCIERTO mayo 2009
Baluarte - Pamplona
Obras de Johann Strauss y Josef Strauss
Orquesta Sinfónica Volksoper. Director: Leopold Hager
Solistas: Ildiko Raimondi (Soprano) y Herbert Lippert (tenor)

La Volksoper Wien (Ópera Popular de Viena), con orquesta sinfónica y elenco de cantantes estables, fue fundada en 1898, a impulso del emperador Francisco José. Rápidamente se convirtió en uno de los teatros más importantes de la ciudad. Viena era en aquellos años una referencia importante en el ámbito cultural europeo, no solo por la música sino también por la pintura y la literatura.

La Volksoper acoge desde sus inicios las obras maestras de Johann Strauss, Franz Lehar, F. von Suppé, Josef Strauss, Émerich Kálman, especialmente dentro del género popular por excelencia, la opereta vienesa, una mezcla de arias, duetos, polkas, marchas y, sobre todo, de los valses más famosos del mundo.

En este concierto, la Orquesta de la Volksoper toca bajo la batuta de su director titular, el profesor Leopold Hager, nacido en Salzburgo y responsable de este teatro, que ofrece más de 300 representaciones al año. Dos cantantes solistas (soprano y tenor) interpretan arias y duetos del repertorio de Johann y Josef Strauss.

Es difícil establecer preferencias entre estas músicas, que están en el oído de todos, y más aún tan magistralmente tocadas y cantadas. Mejor simplemente citarlas: en primer lugar las tres operetas de Johann Strauss (1825-1899):

DER ZIGEUNERBARON (El Barón gitano), con su bella obertura y el aria de Birinkay para tenor.

DIE FLEDERMAUS (El murciélago) con su famosa y cautivadora obertura y su acelerando que ha atraído a tantos directores de cine. Una verdadera obra maestra maravillosamente interpretada por esta orquesta, que la conoce hasta el mínimo detalle.

WIENER BLUT (Sangre vienesa), opereta famosa por el dueto de la Condesa y el Conde.

De Josef Strauss (1827-1879), el vals "Atracciones secretas" y de entrambos Strauss la famosísima "Pizzicato-polka", conocida en todas las latitudes y en la que esta orquesta no tiene rival.

Esta música parece tener un toque mágico: llena de alegría y uno sale de la sala con la sonrisa en los labios, porque divierte y entusiasma. No es casualidad que cada Año Nuevo suene en Viena transmitida a todo el mundo a modo de buen augurio.

AINHOA ARTETA

RECITAL Palau de la Música Catalana

Barcelona 31/3/2009

Un recital de canto es siempre una incógnita cuando no se conoce bien a los autores; en efecto, el éxito de un recital no depende solo de calidad de las voces, sino también de la calidad de la música y, por consiguiente, de los autores, que no deben de ser necesariamente compositores de ópera; a veces uno encuentra sorpresas muy agradables.

Ainhoa, al término del recital, me ha dicho: "¿Qué haces tú aquí? Esto no era una ópera" y yo "Pero has cantado una bella música, Granados y Turina". Tampoco Tosti era un compositor de óperas, pero la escucha, en la voz de Carreras antes de su desafortunada enfermedad, de un recital en Bolonia con solo canciones suyas, se convirtió en una velada inolvidable: un ruiseñor cantando melodías únicas.

He venido a este recital por dos motivos: escuchar una vez más la voz de Ainhoa Arteta, que me fascina, porque percibo que se encuentra en un momento de gran plenitud y madurez y, considerando que Turina es el autor español, zarzuela aparte, que prefiero, la curiosidad de escuchar sus canciones en la voz de Ainhoa. ¡El resultado ha sido maravilloso!

Amo a Turina por su sonoridad, única para un autor español, lejana a Falla, a Granados o a Rodrigo. Es una sonoridad que me recuerda a Debussy o al Puccini de Turandot y de Madama Butterfly, una música no fácil de cantar. La ductilidad y la musicalidad de la voz lírica de Ainhoa y su límpido timbre han cogido del brazo la sonoridad de Turina poniendo en su verdadero valor toda su belleza musical. La interpretación del programa Turina ha sido como un pequeño collar de perlas. El perfecto filato final de "Nunca olvida" (me recordaba la exactitud de aquel "addio senza rancor" de la Bohème escuchada en el Baluarte), el seguro agudo final de "Cantares" y, sobre todo, la ejecución de la última "Las locas por amor" han sido pequeñas joyas que difícilmente se pueden escuchar y que por sí solas bastan para justificar el enorme atractivo de este recital.

El resto del programa, un gran ejercicio de voz, pero sin el atractivo de Turina. Granados, sin entusiasmo, me gustó; después, las otras notas: alguna elegante (Leon), alguna nana nostálgica (Lacerda), alguna bella melodía (Guastavino), pero todas sin la profundidad del músico sevillano.

Durante el intervalo, me preguntaba cuántas sopranos líricas en el mundo pueden cantar hoy al nivel de Ainhoa: me han venido a la memoria en pocos instantes, además de ella, solo otros cinco nombres y he tenido la fortuna de escuchar al menos a cuatro de estas seis que coloco en el olimpo.

Volviendo a Turina/Ainhoa, conocía a Turina por haber escuchado en directo su música orquestal; el recital de esta tarde me ha resultado bellísimo porque solo en vivo se consigue apreciar los detalles de la sonoridad de la música y el color y virtuosismo de una voz. Solo la música sin micrófono transmite la magia y la emoción que llega al alma, mientras que la música grabada prefiero escucharla mientras viajo o trabajo.

A propósito de emociones, la pasión por el arte lírico me lleva y me ha llevado a acercarme a los artistas que me han transmitido y me transmiten emociones, precisamente para expresarles mi gratitud. Si no siento la "afinidad electiva" evito ser un simple adulador.

La voz de soprano lírica de Ainhoa tiene un fondo de nostálgica e íntima ternura. Estoy escribiendo mientras escucho su pequeña joya "La vida", que me gusta mucho y me lleva a rememorar momentos también de mi "Vida". Por esta característica de su voz me gustaría escucharla en "La Wally" de Catalani, ópera preferida de mi abuelo, la persona tan querida que me transmitió esta pasión.

Al final del recital un torrente de aplausos por parte de todo el público del teatro provocó la concesión de dos bises.

Ainhoa Arteta es verdadera artista, voz purísima, en este momento grande entre las grandes, a la vez que hermosa y sensible persona. Esto es lo que piensan quienes han trabajado a su lado.

Como escribió Machado, el peregrino recorre su camino con su mochila al hombro, pero siempre sin volver atrás porque tiene una meta que alcanzar. Con el tiempo se descubrirá que en su mochila las grandes alegrías han compensado los grandes dolores.

SALOMÉ

Richard Strauss - 1905

Ópera en un acto

Teatro Real de Madrid 22/4/2010

"La música puede dar nombre a lo innombrable y comunicarnos los que es desconocido".

Estas palabras de Leonard Bernstein tienen un valor universal, pero definen de modo perfecto "Salomé", la obra maestra de Richard Strauss, puesta en escena por primera vez en 1905 en Dresde, desconcertando al mundo musical de entonces. Mahler, director de la Opera Imperial de Viena, no fue capaz de superar los obstáculos que los censores le pusieron para su estreno en la capital austríaca (por entonces centro de la vida cultural occidental), por lo que la première austríaca tuvo lugar en Graz en mayo de 1906. De la expectación que se había producido tras el estreno, habla la presencia en Graz de algunos personajes claves de la vida musical de la época: Mahler, siempre al lado de Strauss, Zemlinsky, Schönberg, Alban Berg, Puccini (para oir el "engendro cacofónico" de su rival alemán), la viuda de Johann Strauss II y hasta el poco más que, por aquel entonces, adolescente Adolf Hitler.

El libreto del propio compositor está basado en la escandalosa obra teatral homónima de Oscar Wilde, escrita en francés en el 1891 y traducida fielmente al alemán por Hedwig Lachmann, por el cual la conexión del libreto entre Strauss y Wilde es directa.

La trama de la ópera se inspira en el episodio bíblico del rey Herodes, la princesa Salomé y San Juan Bautista (Jochanaan).

Esta representación es una nueva producción del Teatro Real de Madrid, en coproducción con el Teatro Regio de Turín y el Maggio Musicale Fiorentino.

Salomé es musicalmente una obra maestra del siglo XX. Strauss une una audaz escritura musical a procedimientos armónicos próximos a la sonoridad atonal.

Pero Strauss fue sobre todo uno de los grandes maestros de la orquestación del siglo XX: la riquísima paleta instrumental (95 instrumentos) llena el intenso contenido dramático y trágico de esta ópera.

El regista canadiense Robert Carsen, en su tercera producción en el Teatro Real, ha ambientado esta "Salomé" en un Casino de Las Vegas. Una buena idea, porque un lugar donde la gente va para intentar enriquecerse con el juego/vicio evoca sin duda la depravación moral de la corte de Herodes.

El mismo Carsen ha dicho: "Mi trabajo en "Salomé" es tan "kitsch" como la propia ópera". Pero esta ópera no es en absoluto "kitsch", tiene un importante valor histórico-cultural: incluso hoy, después de un siglo, Strauss confirma haber sido, sobre todo con "Salomé" y con "Elektra", un premonitor de los desastres y de la caída de los valores que llevaron al siglo XX al borde del abismo.

La escena se desarrola en la cámara acorazada del casino, entre altas y frías paredes de acero que contienen cajas de seguridad llenas de dinero, símbolo del poder económico, cámaras internas con pantallas de seguridad, una gran caja fuerte, prisión de Jochanaan, que se cierra mediante una gran puerta circular de acero.

El vestuario: croupiers, egipcios, romanos, guardias de seguridad, personajes, incluido Herodes y Herodías, con trajes de nuestra época, mientras los dos personajes bíblicos, Salomé y Jochanaan, son vestidos en sintonía con la música de Strauss: en esencia un resultado quizás más "kitsch" del deseado.

En el reparto cabe destacar a dos jóvenes cantantes, ambos con amplio volumen: la sueca Annalena Persson ("Salomé"), soprano dramática de fascinante voz y al mismo tiempo gran actriz, dotada de una innata expresividad corporal, el norteamericano Mark S. Doss (Jochanaan), inquietante en su timbre profundo y terrorífico de bajo-barítono, rico en intensidad dramática.

La trama de la ópera se centra en la confrontación entre estos dos personajes, entre la sensualidad y el erotismo de la joven princesa y la integridad ascética de Jochanaan; el resto, desenfrenada depravación moral.

La danza de los siete velos es una pieza sinfónica sensual y exótica de belleza única; Annalena/Salomé lo interpreta como una gran actriz. Su voz y su cuerpo expresan erotismo y seducción de manera muy expresiva. Baila para conseguir la cabeza de Jochanaan.

El aria final de Salomé, con la cabeza del Bautista entre las manos, (veinte minutos de duración) constituye por sí sola un excepcional poema sinfónico a una voz de este gran músico, y aquí Annalena Persson se supera como voz dramática.

A la dirección de Carsen le falta un hilo conductor que identifique de modo homogéneo esta ópera, que, en sí, tiene una gran coherencia dramática. Su único hilo conductor es el afán por sorprender. En su trabajo hay buenas ideas, pero también hay excesivas caídas de estilo, en notable contraste con partitura y libreto: el descarado coito entre Herodías y un joven romano durante la danza, el ridículo desnudo integral de ancianos al final de la danza, un insignificante Herodes seductor vestido como un viajante de comercio, el juego de pelota entre los figurantes con la cabeza cortada de Jochanaan.

Es siempre difícil trasladar el argumento de una ópera a otro lugar y a otra época: hay que actuar con gran mesura y equilibrio para evitar excesivas distorsiones del contenido teatral y musical; el regista no debe olvidar que el protagonista absoluto es siempre el autor.

La Orquesta del Teatro Real ha alcanzado un nivel muy alto, perfecta de equilibrio entre maderas, metales y cuerdas y dirigida de manera extraordinaria en esta difícil ópera por Jesús López Cobos.

Este director español es uno de los actuales grandes intérpretes de la ópera alemana, habiendo dirigido durante 19 años la Deutsche Oper de Berlín (1971-1990), 9 años como invitado y 10 como director estable.

Esta "Salomé" es su penúltima actuación como director musical del Teatro Real, después de ocho años. Con esta óptima prestación ha querido, con seguridad, dejar una impronta significativa.

Ha guiado la orquesta con gran seguridad y con una perfecta coordinación entre los 95 instrumentos orquestales y los instrumentos vocales: ha sido el protagonista indiscutible de esta representación.

L'ISOLA DISABITATA

Manuel García, 1831

Teatro Arriaga, Bilbao, 13/02/2010

Solamente Emilio Sagi podría recuperar y poner en escena esta ópera olvidada y muy particular: cuenta una historia heroica breve y simple.

Escrita en 1831 por el músico y cantante sevillano Manuel García sobre un poema del autor italiano de principios de XVIII Pietro Metastasio. Tiene la particularidad de que la música y el libreto están separados por un siglo. Además, no ha sido una orquesta, sino el piano manejado por Rubén Fernández Aguirre el que acompaña a cuatro cantantes en buena sintonía.

La partitura es ciertamente muy bella y posee reminiscencias chopinianas.

La mezzo Marifé Nogales ha cantado muy bien, precisa en toda la tesitura; la soprano Carmen Roméu dotada de un bello timbre, ha tenido alguna deficiencia en el registro grave. El tenor Jesús Álvarez y el barítono César San Martín han estado a la altura de la no fáciles exigencias de sus papeles.

Esta representación ha sido una coproducción entre el Teatro Arriaga y el Teatro de la Maestranza.

Una sorpresa, como suele, ha sido la dirección de Emilio Sagi, capaz de transformar una obra olvidada en una joya, un aderezo onírico. Junto con la siempre bien entonada escenografía de Daniel Blanco, la elegancia del blanco y negro que observamos en El Barbero de Sevilla y en Luisa Fernanda se transforma aquí en la elegancia del blanco y el azul, muy sugestiva y evocadora del entorno marino, que, acompañada por unas espléndidas sillas-rocas, aporta al contexto de la escena una atmósfera de sueño.

MARÍA BAYO

RECITAL Palau Música Catalana

Barcelona 11/03/2010

Un programa tentador, sin duda: de Mozart, Beethoven, Schubert en la primera parte a Mompou, Guastavino, Lecuona en la segunda; es decir, música compuesta con una diferencia de hasta doscientos años.

María Bayo ha extraído estas arias y canciones del inagotable baúl de su repertorio, que siempre incrementa gracias a una búsqueda rigurosa y prudente, sin limitaciones temporales.

Beethoven 1 y 2: La voz se va calentando

Beethoven 3 : "Ecco quel fiero instante", cantata con impronta italiana

Beethoven 4: "T'intendo, si, mio cor", cantata de gran dulzura expresiva.

Beethoven 5: "Dimmi, ben mio", el aria más bella de Beethoven cantada de modo impecable con ligera ironía y con la habitual seguridad que distingue a María Bayo.

Mozart: Las notas celestes de Mozart realzan a la cantante, incluso en una pequeña canción como esta. Una pequeña joya.

Schubert "Mio ben ricordati": perfecto el control de la voz.

Schubert último lied, bien conocido, cantado con dulce sonrisa.

María Bayo canta, como siempre, con una naturalidad y seguridad que impresionan; parece no hacer esfuerzo alguno: precisión en las pausas, en los "tempi", en los agudos, tanto que se tiene la impresión de que sea la centésima vez que canta este programa, cuando, en realidad, es su debut en él.

En la segunda parte del recital pasa página y aborda un repertorio del Novecento que, verdaderamente, se revela como una bella sorpresa.

La música del compositor catalán Federico Mompou está impregnada de la sonoridad debussyana del inicio del siglo XX. María Bayo, perfecta en los silencios y en los filados.

Mompou 3: El piano/mar acompaña la voz de la cantante entre las olas mediterráneas de esta música intensamente ligada al mar de la tierra catalana.

Carlos Guastavino es un autor argentino poco conocido en Europa del que solo recordamos una grabación de sus canciones interpretadas por Teresa Berganza.

Las canciones de Guastavino de la segunda mitad del XX contienen el perfume de la tierra argentina y sus sonidos. Son sin duda canciones con melodías grandiosas a la vez que sugestivas cuya calidad no es inferior a las archiconocidas de Tosti.

Ernesto Lecuona: Otra agradable sorpresa.

Las primeras dos melodías desprenden una brisa de dulce nostalgia.

Bellísima "La señora Luna".

María Bayo, en estas últimas canciones de Guastavino y Lecuona, ha puesto todo el corazón.

Pocos cantantes llegan a proponer, en un mismo recital, con gran desenvoltura y naturalidad, un aria de Mozart, un lied de Schubert, canciones catalanas de Mompou y canciones de la segunda mitad del siglo XX de Guastavino y Lecuona.

María Bayo siempre busca y propone delicias musicales poco conocidas que, con sus espléndidas y variadas posibilidades vocales, transforma en verdaderas perlas.

ANTOLOGÍA DE LA ZARZUELA

Baluarte-Pamplona 3/10/2010

Era una ocasión importante para escuchar juntos a tres de los mejores cantantes actuales de Navarra (Sabina Puértolas, José Luis Sola e Iñaki Fresán), con la Orquesta Sinfónica de Navarra y el Orfeón Pamplonés.

La Orquesta Sinfónica de Navarra, después del importante reto con la música mozartiana en "Le Nozze di Figaro", ha demostrado, también en este concierto, el continuo crecimiento experimentado en los últimos años, tanto en la seguridad como conjunto como la calidad de sus solistas considerados aisladamente. ¡¡Desentonaba únicamente la corbata color verde lagarto de un percusionista!!

El joven director de orquesta Cristóbal Soler ha estado sin duda a la altura de su ya importante curriculum y en buena sintonía con orquesta y coro, si bien en algunos momentos (La Verbena de la Paloma) ha acelerado velozmente los tempos.

Hace una década era impensable pensar que el Orfeón Pamplonés alcanzase en tan poco tiempo la calidad que actualmente le caracteriza y lo sitúa entre los mejores conjuntos corales de

España. A destacar el magnífico elenco femenino y, en el masculino, la cuerda de tenores. El Orfeón ha coloreado refinadamente las zarzuelas de este concierto.

Sabina Puértolas ha sido considerada, vistos los aplausos recibidos, la "reina" de la velada, pese a estar afectada por un ligero estado febril. Habitualmente los cantantes solistas comienzan un recital o un concierto con arias no difíciles para "calentar la voz". Sabina Puértolas ha decidido comenzar con un aria de Gerónimo Giménez no precisamente fácil, sino bella y difícil ("Me llaman la primorosa", de El Barbero de Sevilla) con bastantes agudos y filados dignos de respeto que ha afrontado soberbiamente, confirmando el juicio de quienes la consideran una de las mejores sopranos españolas del momento.

Sabina Puértolas exalta su calidad cuando canta zarzuela: es expresiva tanto con la voz como con su actitud corporal. En el dúo de Luisa Fernanda, Sabina modula la voz en toda la tesitura, muy segura en agudos y filados. Concluye la "Cavatina de la Baronesa" con un agudo potente y perfecto. Asimismo, en El Dúo de la Africana pone en la voz corazón y sentimiento, consolidando de esta manera su empatía con el público.

José Luis Sola ha hecho considerables mejoras en los últimos cuatro años: timbre límpido. Mejor dicción y entonación, agudos más seguros; sin embargo le queda bastante por mejorar la expresividad corporal: no es un actor; en este aspecto debe de trabajar mucho todavía. Al lado de Sabina Puértolas quedaba como embalsamado, con leves gestos mecánicos, como intimidado por la perfecta gestualidad de su compañera.

Iñaki Fresán también ha cantado pese a una "indisposición en las vías respiratorias": el volumen de su voz ha estado muy limitado; ha hecho lo posible por evitar estornudar, pero ha cantado con gran dificultad. El público lo ha aplaudido igualmente por su decisión y coraje: otro habría renunciado. Queda, en el día de hoy, como el cantante lírico más querido de su Navarra.

FALSTAFF

Giuseppe Verdi - 1893
Ópera en tres actos

Ópera de Lieja (Bélgica) 9 Nov 2012

Lieja es una ciudad de Bélgica rica en cultura: Universidad famosa, muchas bellezas artísticas y un teatro, la Ópera de Lieja, de gran tradición e intensa actividad musical, sobre todo operística.

La ópera Falstaff es la obra maestra del Verdi maduro, la última ópera escrita por el maestro de Busseto hacia finales del XIX.

El libreto, firmado por Arrigo Boito, joven compositor con quien el gran maestro tenía una relación de amistad y recíproca estima, está bien construido entresacando material de dos obras de Shakespeare: "The merry wives of Windsor" y "The history of Henry the four".

Después de haber sondeado el alma humana en sus aspectos más dolorosos, Verdi parece en esta ópera ironizar sobre sí mismo, sobre su propio escepticismo. Si bien la risa está velada de melancolía, la comedia ha tomado la prevalencia sobre el drama.

Desde el punto de vista musical, después de Otello, con Falstaff Verdi ha demostrado la evolución de su genio: Falstaff no es un acercamiento a Wagner como sostienen varios críticos, sino más bien la obra de un Verdi octogenario capaz de ver dentro de sí el futuro siglo XX.

Esta ópera es una absoluta obra maestra; cada vez que la escucho pienso en la vida de este gran genio, que durante casi un siglo ha perseguido y al final alumbrado esta música estupenda y nueva.

El polifacético regista Stefano Poda ha diseñado agradables vestuario, luces y escenografía con altibajos, pero inevitablemente arruinada por las hojas sobre el pavimento, que al ser pisadas producían una desagrable confusión al sonido orquestal y al canto, problema curiosamente no perceptible durante los ensayos.

El personaje de Falstaff (bajo bufo) es el protagonista absoluto; suyas son casi todas las arias más bellas de la ópera.

Ruggero Raimondi no cantaba Fasltaff desde el 2004 en el Teatro Comunale de Bolonia: gran cantante y gran intérprete, con una increible limpidez en su ya no joven voz. Es un gran actor que se supera en un personaje poco convencional como Falstaff.

La dirección de escena es buena, aunque la calidad de esta producción reside sobre todo en la interpretación de un Raimondi inigualable: además de sus grandes Scarpia, Don Giovanni, Escamillo, Attila, Don Basilio, lo he podido escuchar y ver en un gran Falstaff.

Estas consideraciones hacen pensar que esta excelente ópera mereces mayor difusión, porque interpreta la parte menos conocida de la producción verdiana, esta fascinante ópera cómica, tan diferente y tan nueva respecto al precedente melodrama.

Además de Raimondi, tuvimos un reparto de altura y una buena dirección musical del Maestro Paolo Arrivabeni.

Pero la gran sorpresa fue Sabina Puértolas, la mejor Nannetta (soprano ligera) que yo había escuchado nunca. En la difícil aria del tercer acto, "Sul fil di un soffio etesio", no se ha apreciado la mínima vacilación. Bravísima como intérprete y con un perfecto dominio de la voz; su timbre se está haciendo cada vez más lleno y limpio.

Verdi compuso Falstaff a los 80 años, con la ironía de un hombre que, al final de una vida de gran compositor, con su espíritu laico, puede ya permitírselo todo, incluso una ópera bufa que se burla de sí mismo y del mundo.

EL JURAMENTO

Joaquín Gaztambide – 1858
Zarzuela en tres actos

Teatro de la Zarzuela- Madrid Noviembre 2012

Joaquín Gaztambide, compositor navarro del siglo XIX, es conocido sobre todo por sus zarzuelas, entre las cuales, sin duda, una de las más bellas es "El juramento".

Gaztambide inició sus estudios musicales en Tudela, continuó en Pamplona y después en Madrid. Con 25 años se trasladó a Paris; allí comenzó su carrera de director de orquesta y sucesivamente en 1849 en Madrid, la de compositor.

Es considerado uno de los mejores directores y compositores de Zarzuelas del siglo XIX.

"El Juramento" es una Zarzuela en 3 actos con libreto de Luis de Olona escrita en 1858 con música de Joaquín Gaztambide, puesta en escena por primera vez en el Teatro de la Zarzuela de Madrid en el 1858. Tuvo de inmediato un gran éxito y fué representada en innumerables ocasiones. Posteriormente fué olvidada durante un largo período, hasta que el Maestro Emilio Sagi la recuperó en el 2000 con una divertida puesta en escena que vuelve a las tablas en estas representaciones de la temporada actual del Teatro de La Zarzuela.

"El Juramento" está ambientada en 1710 durante el reinado de Felipe V en España y el argumento se desarrolla durante la Guerra de Sucesión a la corona de España (1700-1714), pero, como ocurre en muchos casos en las zarzuelas, la trama está llena de intrigas de amor y matrimonios.

El trabajo musical de Gaztambide y su orquestación constituyen una feliz sorpresa: partitura moderna con sonoridad variada dentro del respeto a la tradicional zarzuela, que ha sido interpretada bastante bien por el director de orquesta Maestro Gómez Martínez.

Emilio Sagi ha realizado una puesta en escena con impronta moderna, aunque con detalles que nos transportan al 1700. Es más, la regia tiene una impronta rossiniana en la ironía y en la caracterización de los personajes, impronta que imagino deriva del tiempo en el cual el maestro Sagi trabajó en el Festival de Rossini de Pesaro; por este motivo veo premoniciones que ya anticipaba El Barbero de Sevilla del 2005 en el Teatro Real del mismo Sagi.

El primer acto lo inicia la baronesa (Carmen González) que canta sin precisión y con un fuerte vibrato, cosa que, siendo la baronesa un personaje negativo, no resulta inadecuado.

Bellos los dos coros, no posicionados frontalmente, sino en una distribución alineada.

Después, la primera aria de María (Sabina Puértolas), un aria triste, pero su timbre es límpido y fascinante, así como el color de su voz.

Llega el Marqués (Gabriel Bermúdez, barítono, me pareció mejor voz masculina del reparto), íntimo amigo del Conde y secretamente atormentado por un juramento.

Don Carlos (David Menéndez) es el enamorado de María; Menéndez destaca por la voz cálida y redonda y, ciertamente, sigue mejorando.

En el segundo acto, desafortunadamente, Sebastián (Manuel de Diego) adolece de una voz débil, que contrasta notablemente con la voz plena del Marqués (Bermúdez)

Muy bello el blanco vestuario y la escenografía estilo Liberty

Esta zarzuela ha sido puesta en escena con suma elegancia por Emilio Sagi, que ha diseñado con sabiduría y talento la producción, para lograr un espectáculo perfectamente entonado e irreprochable.

IL PIRATA

VINCENZO BELLINI - 1827
Ópera en dos actos

Teatro Real, Madrid 17/12/2019

Dir. Musical: Maurizio Benini
Direccion de escena : Emilio Sagi

Es una producción de los Teatros: Scala de Milán y Real de Madrid, una producción perfecta que hará historia.

Bellini, en 1827, a la edad de 30 años, compuso "Il Pirata", buscando un estilo operístico innovador, un nuevo lenguaje que combinase el virtuosismo del bel canto, en el ámbito de un inédito dramatismo. Nació así la primera ópera romántica de bel canto, con dificultades vocales de excepción, que prácticamente la hicieron desaparecer de los escenarios por falta de cantantes en grado de poderla interpretar.

Sus melodías vocales son un ejemplo de lirismo; fueron admiradas e imitadas también por compositores de música instrumental (Chopin se inspiró en "Casta diva" al comienzo de uno de sus Notturni).

Las grandes dificultades vocales para tenor y soprano en Madrid se han superado con creces por ambos repartos. Javier Camarena y Celso Albelo, han llegado a los tres Re naturales de la partitura sin problemas.

Sonia Yoncheva y Yolanda Auyanet, han cantado muy bien, superando todas las acrobacias de sus roles.

Excelente actuación del Coro del Teatro Real.

La dirección y la escenografía han diseñado el "frío" escenario con un amplio y elegante juego de espejos que evidenciaba las posiciones geométricas de coristas y solistas.

Muy bien la dirección musical del Maestro italiano Maurizio Benini.

Hermoso el blanco vestuario femenino.

Un privilegio asistir.

ORQUESTA SINFÓNICA DE NAVARRA

Diciembre 2019

Me parece justo escribir las impresiones que la Orquesta Sinfónica de Navarra, orquesta oficial de la región en que vivo, me ha transmitido en tres significativos conciertos de estos dos últimos meses.

Fundada en 1879 por Pablo Sarasate, compositor y gran violinista, la OSN es el grupo musical más antiguo en activo en el panorama de las orquestas españolas. Desarrolla su actividad en Navarra, pero también ha actuado en teatros importantes tanto españoles como extranjeros, sobre todo en París, en los teatros des Champs Elysées y de Chatelet, donde ha tenido un éxito relevante. Es, asimismo, habitual su colaboración en la temporada de ópera de la ABAO en Bilbao.

La OSN, en los últimos decenios, llevada con sabiduría por los órganos políticos de la comunidad autónoma navarra, ha llegado a la actualidad con una plantilla muy completa y con óptimos solistas. Tiene una actividad muy intensa y se exhibe sobre todo en el Auditorium Baluarte, que goza, desgraciadamente, de una acústica que deja mucho que desear.

Quiero citar tres conciertos, muy distintos unos de otros, pero verdaderamente interesantes los tres.

10/12/2019

CONCIERTO DE LA ORQUESTA SINFÓNICA DE NAVARRA
Director: MANUEL HERNÁNDEZ SILVA
Solista: JUAN PÉREZ FLORISTÁN, piano

El maestro Hernández Silva es el actual director estable de la OSN, que con él está afrontando un repertorio ciertamente nada sencillo.

La primera obra es un Te Deum para orquesta y coro (Orfeón Pamplonés) de Lorenzo Ondarra (1931-2012), un compositor religioso de gran talento, uno de los compositores navarros más importantes.

Es un Te Deum singular y fascinante, dotado de una clara influencia popular vasconavarra, típica del autor. Una preciosa partitura, una luminosa oración donde se funden profundamente los timbres orquestales y un íntimo tratamiento de las voces.

A continuación, se programó el célebre Concierto nº 1 en si bemol mayor para piano y orquesta de Piotr Ilich Tchaikovsky (1840-1893). Para resaltar aún más la belleza de esta obra, me permito hacer una digresión personal: tenía yo 5 años y no sabía nada de música clásica; una tarde, mirando la televisión, escuché este concierto; al finalizar, estallé en un llanto emocionado; mi madre se unió a mí y se mostró asombrada por mis lágrimas. Desde entonces, cada Navidad, recibí de ella un disco de música clásica. Por este motivo llevo a Tchaikovsky en el corazón y cada vez que escucho alguna de sus obras me embarga una intensa emoción interior.

La música de este compositor está centrada en una formación romántica basada en la forma clásica (sinfonía, concierto, ópera), lenguaje que combina las referencias expresivas nacionalistas basadas en melodías y ritmos de cantos y danzas tradicionales.

Tchaikovsky estrenó este concierto en Boston en 1875 y obtuvo inmediatamente un gran éxito. Sobre todo por el equilibrio entre solista y orquesta. La partitura contiene, en sus tres movimientos, momentos líricos, interesantes armonías, referencias a danzas y canciones de origen ucraniano y un desarrollo magnífico del fascinante "leit motiv". La virtuosística parte solista fue interpretada por el joven Juan Pérez Floristán, ganador de importantes premios e invitado ya a colaborar con importantes orquestas en conciertos y grabaciones, destinado a ser una referencia en la nueva generación de músicos españoles y europeos. En su agenda figuran compromisos en Europa, Estados Unidos y América Latina. Su virtuosismo se combina, en una unión profundamente expresiva, con la brillante intervención de la OSN dirigida con lucidez por el maestro Manuel Hernández Silva.

El programa finalizó brillantemente con la Sinfonía nº 8 en sol mayor de Antonin Dvorak (1841-1904), el compositor de sonoridad fascinante y de un lenguaje musical que se adentra continuamente en el folklore popular checo. Fue interpretada por primera vez en Praga en 1890, dirigida por el propio autor. Se trata de una obra alegre, positiva, luminosa, lírica, preciosista en los detalles musicales que evocan imágenes de una poética naturaleza: la serenidad de la vida en el campo, la ligereza del timbre de los metales que expresa la solemnidad del segundo movimiento *Adagio*, la simplicidad de la inspirada danza del bellísimo tercer movimiento *Allegretto grazioso*. Son muchas las variaciones para instrumentos solistas que contribuyen a hacer de esta obra un conjunto de delicados momentos íntimos. La OSN la ha trabajado muy bien, contando entre sus filas con excelentes solistas y preparada y dirigida con maestría por su director titular.

8/11/2019

CONCIERTO LÍRICO DE LA SOPRANO AINHOA ARTETA
ORQUESTA SINFÓNICA DE NAVARRA
Director: JOSÉ MARÍA MORENO

Un Baluarte repleto, entusiasta y cautivado por el encanto y el talento experimentado de Ainhoa Arteta. La OSN la ha acompañado en este viaje por las exquisitas canciones de Ovalle, Halffter, Guastavino, Montsalvatge, Ariel Ramírez; un compendio de ritmos latinos profundamente poéticos, melódicos y evocadores. Algunas de estas canciones aparecían en el repertorio de Teresa Berganza; la sensibilidad de Ainhoa Arteta las ha adoptado hace años en sus recitales habituales, hoy con orquesta, con un resultado de lírica elegancia, encanto y nostalgia. Estas canciones han ocupado la primera parte del concierto, mientras en la segunda y en los bises Ainhoa ha cantado arias de ópera y zarzuela.

Después del aria de La Wally de Catalani, la soprano ha afrontado las arias más famosas de Puccini: Manon Lescaut, Madama Butterfly, Tosca, Gianni Schicchi.

Había escuchado algunos meses antes su triunfal actuación en el Teatro Real de Madrid en el papel de Elisabetta di Valois de Don Carlo de Verdi, afrontado con ese timbre suyo actual amplio y sonoro, de un color cálido y característico, para el cual todo es posible en estos momentos, desde un agudo plenamente lírico a los ligeros y delicados filatos de su juventud. Mi opinión es que Puccini es el autor más en consonancia con su tesitura y, sobre todo, con su corazón, capaz de hacer conmover con las arias del maestro de Lucca, especialmente con "Un bel di vedremo" y "Oh mio babbino caro".

Ainhoa lo da todo en el escenario y ha entusiasmado al público con las arias de zarzuelas de Pablo Luna, Francisco Barbieri, Ruperto Chapí, interpretada con esas gracia y sutil ironía tan suyas.

En este concierto la OSN fue dirigida por el maestro mallorquín José María Moreno, que con su versatilidad ha sabido amalgamar este programa tan diversificado. La orquesta lo ha seguido perfectamente sobresaliendo en todos los fragmentos y constituyéndose en un grupo musical habituado a afrontar sabiamente todos los objetivos.

5/12/2019

TUBALA BRASS WEEK 2019
ORQUESTA SINFÓNICA DE NAVARRA
Director: MANUEL HERNÁNDEZ SILVA
Solista: David Rejano, trombón

La primera parte ha sido, desde mi punto de vista, una pequeña joya: David Rejano ha abordado con enorme maestría la difícil partitura solista del Concierto para trombón y orquesta op. 70 de Salvador Brotons, compositor contemporáneo nacido en 1959, presente en la sala. Difícil combinar juntos a un trombonista como Rejano, actualmente solista de "Los Angeles Philharmonic", una composición en cinco movimientos, el último de los cuales puede considerarse como un compendio del concierto entero, y el contraste entre un ritmo stravinskiano y el lirismo de las melodías. El *finale* es una explosión del solista, en un difícil equilibrio virtuosístico hasta la última nota.

En la segunda parte, la orquesta se ha enfrentado a la Sinfonía nº 4 en fa menor de Piotr Ilich Tchaikovsky, autor conectado de modo vibrante con mi imaginario musical. Escuchar la música de este autor, sobre todo en vivo, es siempre emocionante para mí, con su romanticismo a ratos atormentado a ratos provisto de una sonoridad que fascina, a ratos dulce y nostálgico. Por este motivo, tocar esta sinfonía no es tarea fácil. Director y orquesta han dado pruebas de cómo bien interpretarla y expresar toda la variedad de detalles que contiene esta obra maestra.

Para finalizar mi sincero homenaje a la OSN, a la que, en estas tres citas importantes fuera de la rutina, he tenido la fortuna y el placer de escuchar.

DIE WALKÜRE (LA VALQUIRIA)

Richard Wagner - 1870

Teatro Real Madrid 8/2/2020

Director Musical: Pablo Heras-Casado
Director de escena: Robert Carsen

La primera ópera a la que asistí, fue justo una ópera de Wagner, "Tristán e Isolda", 1975 en el Teatro Comunal de Bolonia, antes de ser reformado. Yo tenía ya, en edición económica para estudiantes, dos LP de vinilo con oberturas y piezas para sólo orquesta, de varias óperas de Wagner, entre los cuales la maravillosa "Tristán e Isolda". A mi prima le fue fácil convencerme para entrar: yo tenía mucha curiosidad. La experiencia fue un poco difícil de llevar a cabo, pero me enseñó muchas cosas. Descubrí:

1) Que el gallinero del Teatro Comunal era increíblemente incómodo.

2) Que Wagner no tenía el don de la síntesis: la ópera en alemán duró 5 horas.

3) Que cuando se va a la ópera, para entender algo, hay que ir preparado, o sea, como mínimo haber leído el resumen (o tema, o sinopsis), regla que se necesita para cualquier ópera, de lo contrario se corre el riesgo de distraerse o dormir. Los subtítulos desvían la atención de lo que sucede en el escenario.

4) Que Wagner, en su ideal artístico de crear "la obra de arte total", fue un compositor maravilloso, capaz de ofrecer páginas de fascinante lirismo y encantadoras melodías que mantienen al espectador pegado a su butaca, a pesar de las numerosas repeticiones de la partitura y del libreto (que también éste era suyo).

Así como en la ópera italiana del Siglo XIX, Giuseppe Verdi representaba el culmen, elemento central, así también Richard Wagner fue la cumbre y la síntesis del romanticismo alemán.

La Valquiria constituye el primer día después del prólogo "El oro del Rin" de la tetralogía, con tema de leyendas nórdicas, que comprometió Wagner del 1850 al 1876, cuando el Ring, "El anillo del Nibelungo" estuvo representado en su totalidad.

El camino para completar el "Ring" fue largo y difícil. En más de una ocasión Wagner estuvo a punto de renunciar a esta inhumana tarea.

La Valquiria es la ópera de Wagner que probablemente esté más cerca del concepto, presente en la mayor parte de sus obras, de "redención del mal a través del amor y el sacrificio final", en este caso de la Valquiria Brunilda.

El director de escena Robert Carsen ha interpretado bien este continuo conflicto entre el mal y el bien en los tres actos en los que se desarrolla la ópera.

En el primer acto, con un escenario casi completamente vacío, se evidencia el amor incestuoso pero conmovedor, entre los dos hermanos gemelos, Siegmund y Sieglinde (buena y expresiva interpretación de Elisabeth Strid), acompañado por una magnífica melodía, seguida de un solo del violonchelo que acompaña a Sieglinde.

El segundo acto está ambientado en el gran salón de un palacio que simboliza la Walhalla, la residencia de los dioses, en donde se entrelazan las traiciones, arrogancias, violaciones de la ley, corrupción, básicamente el compendio de la inhumanidad, en que el protagonista es Wotan (un buen bajo, James Rutheford).

El tercer acto representa un frío y vacío escenario, un campo de batalla, donde los cuerpos de los soldados caídos son recogidos por las nueve Valquirias. Aquí la famosa Cabalgata se representa acompañada por una coral de trombones y metales, con un remolino de luces y sonidos que rinde un fuerte efecto final, donde se percibe una realidad ficticia al filtrarla a través de la verdad. El acto se cierra con el sacrificio de Brunilda, que encuentra su humanidad, fascinada por el amor entre Siegmund y Sieglinde; y por esto es castigada por Wotan.

Carsen ha exprimido el máximo esfuerzo para darle fluidez al desarrollo del espectáculo, en medio de aterradores contrastes entre el bien y el mal, entre el amor y el poder.

La orquesta del Teatro Real es excelente, el elemento más importante que unifica toda la Ópera; expresiva en fraseo, en los detalles, dirigida por el Maestro Heras-Casado, convincente y ahora un buen traductor en el Teatro Real de partituras wagnerianas.

En esencia, una Valquiria más que convincente.

La Bohème

Ópera lírica en 4 actos
Música de Giacomo Puccini - 1896
Libreto de Giuseppe Giacosa y Luigi Illica

Baluarte de Pamplona 5/2/2023

La Bohéme está entre las óperas de mayor relieve universal, incluso para los menos expertos aficionados a la lírica. Este aspecto le concede la particularidad de llenar siempre sus representaciones y ser la ópera más representada de modo absoluto.

Creo que una de las razones de este éxito unánime reside en el hecho de que el público se identifica fácilmente con la historia de estos jóvenes que viven casi en la miseria, ya que todos hemos sido veinteañeros enamorados y con pocos recursos. Además, algunas arias y dúos son universalmente conocidos, como *"che gelida manina"*, que, de niño, me cantaba mi abuelo a menudo; y esto significó mi primer acercamiento al mundo de la ópera.

También en Pamplona, en las dos únicas representaciones celebradas, el Baluarte estaba lleno de un público que prodigó sus aplausos.

Se trata de una producción de la Ópera de Oviedo con dirección escénica de Emilio Sagi y que se representó por primera vez en el Teatro Campoamor en septiembre de 2000.

Las producciones como esta, junto con muy pocas otras, tienen una larga vida, con decenas y decenas de representaciones tanto por su calidad como por el éxito de público, pueden definirse como "producciones sin tiempo, inmortales". Su historia es admirable y confirma que el éxito en la lírica y en otras representaciones artísticas viene del público y no tanto de los comentarios de los críticos.

La Bohéme de Puccini y sus libretistas tiene su origen en las "Escenas de la vida bohemia" de Henry Mürger (1822-1861) que cuenta las vivencias de cuatro jóvenes bohemios que afrontan en un París invernal las estrecheces económicas y el frío inclemente, con ilusión e ironía. Mimí, la enamorada del poeta Rodolfo, muere de tuberculosis al final del 4º acto y lo sucedido hace aflorar el desencanto bohemio y revela la vida real en su verdadera identidad.

Sagi ha ambientado, con su estilo privado de exageraciones, los amores y desventuras de los protagonistas en el París de 1968. Época del comienzo de la contestación juvenil, que después se difundirá por toda Europa y que en el montaje permanece al margen respecto al desarrollo del libreto.

Desde el punto de vista musical, La Bohème es la obra maestra de Puccini. Su abanico orquestal la provee de una riqueza melódica que dibuja la personalidad de los jóvenes y sus sentimientos con una eficaz habilidad para definir los detalles de lo cotidiano.

El joven director de orquesta mejicano Iván López Reynoso, un músico completo, ha dirigido la Orquesta Sinfónica de Navarra siguiendo los justos "tempi" de la obra, incluso en los momentos tristes de los actos 2º y 3º, en los que, en vez de tender a retener la música, ha mantenido compacta a la orquesta, evidenciando los más íntimos detalles de la cotidiana bohemia.

Un reparto vocalmente equilibrado y bien coordinado desde el punto de vista escénico, constituido esencialmente por excelentes cantantes españoles.

Miren Urbieta-Vega, guipuzcoana, de la tierra de excelentes cantantes y orfeones, ha interpretado a Mimí con un timbre cautivador de soprano lirico-ligera, límpido y atractivo. Ha ofrecido el retrato de la frágil muchacha, dulce y sensible, con un canto pleno de detalles y felices matices. Con un poco más de desenvoltura escénica puede, sin duda alguna, convertirse en una completísima cantante.

Airam Hernández ha interpretado a Rodolfo como un buen actor y con un bello timbre tenoril y un canto muy musical. Ha estado a la altura de este difícil papel interpretado por todos los grandes tenores de la historia.

Marcelo ha sido muy bien interpretado por Javier Franco, un barítono completo tanto en la coloratura como en lo dramático, con un bello timbre en todos los registros, sobre todo en el centro y los graves.

Raquel Lojendio, que ya ha cantado Musetta en el Teatro Real de Madrid, ha estado muy creíble en el papel y con un timbre musical de soprano ligera.

En resumen, tanto por el reparto como por la producción, ha sido una Bohème muy interesante y atractiva.

ÍNDICE